Roy Publicae

Demos in Konstanz

Roy Publicae

Demos in Konstanz

Friedenskette am Bodensee

Dictus Publishing

Imprint

Cover image: www.ingimage.com

Publisher:
Dictus Publishing
is a trademark of
International Book Market Service Ltd., member of OmniScriptum Publishing Group
17 Meldrum Street, Beau Bassin 71504, Mauritius
Printed at: see last page
ISBN: 978-613-7-35348-6

Inhaltsverzeichnis:

I. Vorwort:

„-<u>Achtung:</u> Mir tut es sehr leid für die Demonstranten heute in Konstanz! Bei dem Sauwetter, oh je! Ich bete für euch alle, dass Ihr gesund und heil zurückkommt! Und ich segne euch alle mit meiner unerschöpflichen Liebe! Euer Sananda P.S. Es laufen einige satanische Rituale dort vor `meiner Haustüre´ ab, während und durch die Demos. Warum die das vor meinen Wohnort gelegt haben? Seltsam, nicht? Wir sind auf jeden Fall nicht zuhause, und nicht in der Gegend! Nachtrag: Jetzt ist ja doch noch schönes Wetter! Dann klappt die Party und der Rekord vielleicht doch noch! Und die negative Aufladung des Herzchakras von Europa! Und immer schön an die Regelns halten, gegen die ihr protestiert!"[1]

[1] Vgl. https://www.geistheiler-sananda.net/blog-aktuell/

II. Vorbereitung:

Zehntausende erwartet: Konstanz bereitet sich auf das Demo-Wochenende vor[2]

Querdenker und Gegendemonstranten kommen am 3. und 4. Oktober an den Bodensee. Die Stadtverwaltung rechnet mit mehr als 25.000 Teilnehmern. Es sind an diesem Wochenende 27 Demos und Gegenaktionen angemeldet.

So sieht es aus, wenn Querdenker auf die Straße gehen. Ein Bild von der Demonstration in Berlin im August, organisiert von Querdenken 711 aus Stuttgart. Sie ruft auch zur Demo in Konstanz am Wochenende auf.

---

2 Vgl. https://www.suedkurier.de/region/kreis-konstanz/kreis-konstanz/zehntausende-erwartet-konstan

Auf der Corona-Demo in Konstanz wird die Einhaltung der Schutzmaßnahmen gefordert.

III. Vorlauf:

Teilnehmerzahl viel geringer als angekündigt: Corona-Proteste in Konstanz laufen schleppend an[3]

Rund 30.000 Teilnehmer werden nach Schätzungen in Konstanz erwartet, sie alle wollen gegen die Maßnahmen in der Corona-Pandemie demonstrieren.

- Zehntausende Demonstranten werden an Samstag und Sonntag in Konstanz erwartet.
- Die Teilnehmer wollen gegen die Maßnahmen in der Corona-Pandemie demonstrieren.
- Es gab am Samstag auch schon Gegendemonstrationen.

Update vom 3. Oktober, 18.37 Uhr: Tausende Menschen haben am Samstag in **Konstanz** für und gegen die Corona-Politik demonstriert. Mit einer sogenannten **Friedensmenschenkette** hat unter anderem die Initiative „**Querdenken**" am Bodenseeufer mehr als 1000 Menschen mobilisiert. An der **Insel Mainau** waren es laut Polizei mindestens weitere 500. Angemeldet hatten die Organisatoren jedoch 15.000 Menschen - und auf noch viel mehr gehofft. Zahlen von den Veranstaltern gab es zunächst nicht. Dafür müssten Luftaufnahmen ausgewertet werden, hieß es vom

[3] Vgl. https://www.merkur.de/politik/corona-demo-konstanz-teilnehmer-anzahl-proteste-wochenende-gewalt-polizei-eskalation-massnahmen-zr-90059851.html

Mitorganisator Gerry Mayr, der auch eine „Querdenker"-Demonstration am Sonntag in Konstanz veranstaltet.

Gegendemonstranten aus verschiedenen Gruppierungen marschierten an der Menschenkette vorbei mit Bannern, auf denen sie sich klar zu den Corona-Maßnahmen bekannten. Vereinzelt kam es zu Diskussionen zwischen den einzelnen Lagern. Die Polizei sprach von friedlichen Protesten.

Bis zu 30.000 Teilnehmer erwartet: Corona-Proteste in Konstanz laufen schleppend an

Update vom 3. Oktober 2020, 15:30 Uhr: Die für **Samstag geplanten Corona-Kundgebungen** in der Bodenseestadt **Konstanz** sind nach Polizeiangaben eher schleppend angelaufen. Bis zum frühen Nachmittag hätten sich „einzelne kleinere Gruppen" mit jeweils einigen Dutzend **Demonstranten** in der Stadt versammelt, sagte ein Polizeisprecher zu AFP. Die Teilnehmerzahlen seien zunächst hinter den von den Organisatoren gemeldeten Zahlen zurückgeblieben, was auch am regnerischen **Wetter** liegen könnte, sagte der Sprecher weiter. Die Lage sei überall ruhig und unter Kontrolle.

Für den Nachmittag war nach Angaben des Veranstalters „Querdenken 753 Konstanz" eine Menschenkette als Zeichen des Protests gegen die Corona-Hygienemaßnahmen geplant, die von Konstanz bis an die österreichische Grenze reichen soll. Die Veranstalter rechneten mit mehreren tausend **Teilnehmern**.

Mehrere Gegenkundgebungen liefen am Vormittag an - darunter eine Fahrradkette, an der sich nach Polizeiangaben etwa 25 Menschen beteiligten.

LESEN SIE AUCH

30. Jahrestag der Deutschen Einheit: Feier unter Corona-Auflagen gestartet - Söder mit eindringlichem Appell

Angela Merkel vor Ort

30. Jahrestag der Deutschen Einheit: Feier unter Corona-Auflagen gestartet - Söder mit eindringlichem Appell

Konstanz: Corona-Proteste und Kundgebungen - erste Teilnehmer vor Ort

Update vom 3. Oktober 2020, 14:30 Uhr: Rund 30.000 **Teilnehmer** werden bei den **Demonstrationen** und **Kundgebungen** am Wochenende erwartet, am **Samstagmittag** hatten sich in **Konstanz** bereits erste Demonstranten versammelt. Bei **Regenwetter** protestierten rund 150 Menschen am Hafen gegen rechte Hetze und für die Corona-Maßnahmen. Gegen 15 Uhr ist eine sogenannte „Friedensmenschenkette“ geplant, mehrere Tausend Menschen wollen sich dann versammeln.

Wie die dpa unter Berufung auf die **Organisatoren** berichtet, sollen die ersten Teilnehmer bereits am frühen Morgen angereist sein, die Kette soll dann durch **Liechtenstein, Österreich, die Schweiz und Deutschland** führen. Wie Mitveranstalter Gerry Mayr erklärt, sei das Ziel der Aktion, Menschen zusammenzubringen, die sich durch die Corona-Zeit entzweit hätten. Mayr veranstaltet am Sonntag auch eine „Querdenken“-Demonstration. Dabei soll gegen Corona-**Maßnahmen** demonstriert werden. Ziel des Unternehmers und der anderen Veranstalter sei es, 250.000 Menschen zu mobilisieren, um den Bodensee umrunden zu können.

Am Wochenende sind in Konstanz rund 29 Versammlungen und Demonstrationen angemeldet, allein 17 davon finden am Samstag statt.

Konstanz: Corona-Proteste und Gegenkundgebungen am Wochenende

Ursprungsmeldung vom 3. Oktober 2020: Konstanz - Zu **Demonstrationen** gegen die **Maßnahmen** in der Corona-Pandemie* und **Gegenprotesten** werden am Wochenende in **Konstanz** zehntausende Menschen erwartet. Für **Samstag und Sonntag** (jeweils 09.00 Uhr) sind insgesamt 29 Veranstaltungen angemeldet, zu denen nach Schätzungen der **Polizei** bis zu 30.000 **Teilnehmer** erwartet werden.

Für Samstag ist nach Angaben des Veranstalters „Querdenken 753 Konstanz" für den Nachmittag eine **Menschenkette** aus Protest gegen die **Hygienemaßnahmen** geplant, die von Konstanz bis an die österreichische Grenze reichen soll.

Corona-Demo in Konstanz: Zehntausende Teilnehmer am Wochenende erwartet

Für Sonntag sind zwölf weitere **Kundgebungen in der Konstanzer Innenstadt** geplant. Der weitaus größte Teil der erwarteten Veranstaltungen wurde nach Angaben der Stadt jedoch nicht von Kritikern der **Corona-Maßnahmen*** angemeldet. Vielmehr treten sie demnach mehrheitlich für Themen wie Solidarität und Verantwortung in Zeiten der **Coronakrise*** und den Kampf gegen Antisemitismus ein.

Die Stadt verbot für das Wochenende Reichskriegsflaggen, Kaiserreichsflaggen und Zeichen, die einen deutlichen Bezug zur Zeit oder zu den Verbrechen des Nationalsozialismus haben. In Berlin hat die Polizei die umstrittene Corona-Demonstration abgebrochen. Viele hatten sich nicht an die Vorgaben gehalten. Später war es am Reichstag zur Eskalation gekommen.

IV. Vorversammlung:

Demos in Konstanz

Erste Demonstranten versammeln sich am Bodensee[4]

In Konstanz sind für dieses Wochenende zahlreiche Kundgebungen und Demonstrationen angemeldet worden. Einige richten sich gegen die Corona-Maßnahmen, andere sprechen sich klar dafür aus.

An einem Fahrradanhänger für Kinder steckt ein Schild mit der Aufschrift: „Save Oma & Opa – Corona is real!“

Konstanz - In Konstanz haben sich am Samstagmittag erste Demonstranten versammelt. Bei Regenwetter protestierten etwa

[4] Vgl. https://www.stuttgarter-zeitung.de/inhalt.demos-in-konstanz-erste-demonstranten-versammeln-sich-am-bodensee.adfe5300-4ff5-4ced-86c8-5c141814d6af.html

150 Menschen am Hafen gegen rechte Hetze und für Corona-Maßnahmen. Am Wochenende sind in der Stadt am Bodensee 29 Versammlungen und Demonstrationen angemeldet, 17 davon für Samstag. Rund 30 000 Menschen werden erwartet.

Mehrere Tausend Menschen wollen sich am Nachmittag (15 Uhr) um den Bodensee herum zu einer sogenannten Friedensmenschenkette verbinden. Die ersten Teilnehmer seien schon am frühen Morgen angereist und würden sich langsam zu ihren geplanten Standorten begeben, hieß es von den Organisatoren. Die Kette soll durch Liechtenstein, Österreich, die Schweiz und Deutschland führen.

Für Kette um den Bodensee würden 250.000 Menschen benötigt

Ziel der Aktion sei es, Menschen zusammenzubringen, die sich in Corona-Zeiten entzweit hätten, sagte einer der Mitveranstalter, Gerry Mayr. „Eine Kette soll verbinden." Der Unternehmer veranstaltet am Sonntag in Konstanz auch eine Querdenken-Demonstration gegen Corona-Maßnahmen, zu der 4500 Menschen angemeldet sind.

Mayr und seine Mitveranstalter hoffen, dass 250 000 Menschen zusammenkommen. So viele seien nötig, um den See zu umrunden. Laut den auf deutscher Seite zuständigen Polizeipräsidien in Konstanz und Ravensburg ist schwer zu beurteilen, wie viele Menschen sich tatsächlich versammeln könnten.

V. Pläne:

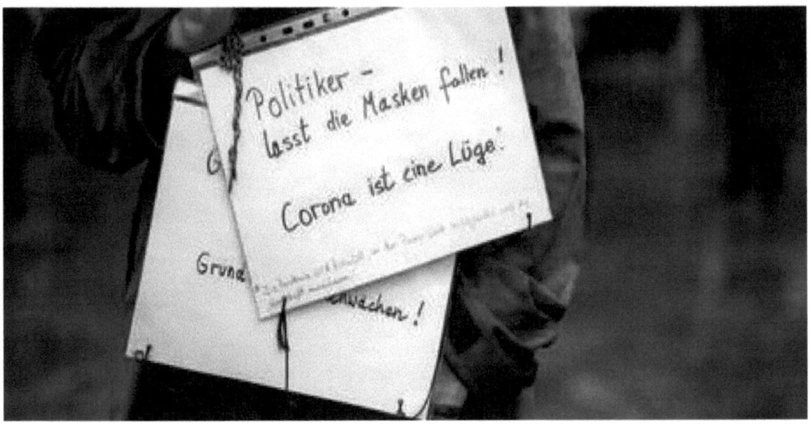

PLÄNE FÜR DEMO UND MENSCHENKETTE WERDEN KONKRETER

"Querdenken"-Demo in Konstanz offiziell angemeldet[5]

Die Konstanzer "Querdenken"-Initiative hat für den 3. Oktober eine Veranstaltung bei der Stadt Konstanz angemeldet. Geplant sind bis zu 4.500 Teilnehmer. Am selben Tag soll es eine Menschenkette durch vier Länder geben.

Es sei ein Antrag für eine Veranstaltung am Tag der Deutschen Einheit mit bis zu 4.500 Teilnehmern eingegangen, so ein Sprecher der Stadt. Dieser werde nun vom Bürgeramt geprüft. Veranstaltungsort soll das Gelände Klein Venedig sein.

---

[5] Vgl. https://www.swr.de/swraktuell/baden-wuerttemberg/friedrichshafen/querdenken-demo-in-konstanz-angelemdet-100.html

Acht weitere Veranstaltungen angemeldet

Für den 3. Oktober seien noch acht weitere Anträge für Veranstaltungen und Demonstrationen in Konstanz eingegangen. Plätze und Teilnehmerzahlen würden nun abgeglichen und geschaut, was in einer Stadt wie Konstanz möglich sei, so der Sprecher. Darüber hinaus gehe es auch um Auflagen wie das Tragen eines Mund-Nasen-Schutzes. Eine Entscheidung soll in den kommenden Tagen fallen.

Menschenkette soll ins "Guinness Buch der Rekorde"

Die Initiative "Querdenken" Konstanz plant am Tag der Deutschen Einheit neben der Kundgebung auch eine Menschenkette von Vaduz (Liechtenstein) über Bregenz (Österreich) und Kreuzlingen (Schweiz) bis Konstanz. Diese sei bereits beim "Guinness Buch der Rekorde" angemeldet, als längste Friedensmenschenkette durch vier Länder, so Gerry Mayr von der Konstanzer "Querdenken"-Initiative. Er wünsche sich dafür rund 250.000 Teilnehmer, realistisch seien wohl eher rund 60.000 Menschen.

VI. Initiative:

Initiative Querdenken: Demo in Konstanz am 4. Oktober[6]

Eine Teilnehmerin einer Protestkundgebung der Initiative "Querdenken", hier in Stuttgart.

Die Querdenken-Demonstration in Konstanz am Bodensee gegen die Corona-Politik soll doch nicht am Tag der Deutschen Einheit stattfinden. Der lokale Ableger der Stuttgarter Initiative hat seine Kundgebung am Hafen auf den 4. Oktober verschoben. Grund für die Verschiebung sei die Vielzahl der für den 3. Oktober vorgesehenen Veranstaltungen, sagte Organisator Gerry Mayr am Mittwoch. Nach Angaben der Stadt

6 Vgl. https://www.t-online.de/region/id_88586444/initiative-querdenken-demo-in-konstanz-am-4-oktober.html

sind für den Tag bisher 16 Kundgebungen angemeldet. Zuvor hatte der "Südkurier" (Mittwoch) darüber berichtet.

Die Friedens-Menschenkette der Initiative am Bodensee ist den Organisatoren zufolge aber nach wie vor für den 3. Oktober geplant.

Die Stadt Konstanz prüft noch mit Blick auf Abstands- und Hygieneregeln, ob und in welcher Form die Demonstrationen an dem Wochenende stattfinden können. Eine Entscheidung darüber sei vermutlich Ende kommender Woche zu erwarten, sagte ein Stadtsprecher. Für die Querdenken-Demo hat Mayr 4500 Teilnehmer angemeldet.

VII. Menschenkette:

STUTTGARTER "QUERDENKER" PLANEN MENSCHENKETTE UM DEN BODENSEE **Oberbürgermeister geht nicht von Großdemo in Konstanz aus**[7]

Der Oberbürgermeister von Konstanz, Uli Burchardt (CDU), geht nicht davon aus, dass die geplante Großdemo der Stuttgarter "Querdenken"-Initiative in Konstanz stattfinden kann. Die Gegner der Corona-Politik wollen am Tag der Deutschen Einheit in Konstanz protestieren.

Für den 3. Oktober seien bereits fünf oder sechs Veranstaltungen mit einigen tausend Teilnehmern in Konstanz angemeldet, so Burchardt im SWR. Er gehe davon aus, dass kein Platz für eine weitere Veranstaltung sein werde. Zudem liege der Stadt noch keine Anmeldung vor.

Gleichzeitg betonte Burchardt, dass die Versammlungsfreiheit ein hohes Gut sei. Sollte die Großdemo wider Erwarten stattfinden können, dann erwartet der Oberbürgermeister, dass im Gebiet der Stadt Konstanz grundsätzlich alle Vorschriften eingehalten würden.

"Das ist die Maske, das sind die Hygieneregeln, das ist der Abstand."

---

[7] Vgl. https://www.swr.de/swraktuell/baden-wuerttemberg/friedrichshafen/querdenken-anti-corona-grossdemo-in-konstanz-100.html

Uli Burchardt, Oberbürgermeister von Konstanz, zu den einzuhaltenden Vorschriften

In einer engen und dichtbebauten Stadt wie Konstanz seien dem "physische Grenzen gesetzt", so Burchardt. Deshalb müsse das Konzept im Vorfeld mit den Veranstaltern besprochen und geklärt werden. "Wir haben keine Vorstellung, was geplant ist. Und erst, wenn wir das wissen, kann man das miteinander besprechen."

Initiative hatte Verlegung der Demo von Berlin nach Konstanz angekündigt

Organisiert werden soll die Veranstaltung von der Stuttgarter Initiative "Querdenken 711". Das bestätigte Gerry Mayr vom Konstanzer "Querdenken"-Ableger dem SWR. Es sei eine Menschenkette mit bis zu 250.000 Teilnehmern aus der Vier-Länder-Region Deutschland, Österreich, Schweiz und Liechtenstein geplant, so Mayr. Die Anti-Corona-Demo solle einen Tag der europäischen Einheit symbolisieren. Laut Mayr ist die Demonstration in Konstanz noch nicht bei der Stadt angemeldet.

Demo ebenfalls in Livesendung angekündigt

Der Organisator der Stuttgarter Initiative "Querdenken 711", Michael Ballweg, hatte die geplante Demonstration in einem Interview mit dem Deutschlandfunk am Mittwochmorgen ebenfalls bestätigt, allerdings Frankreich statt Liechtenstein als viertes Land genannt. Es sei zum Beispiel eine Menschenkette um den Bodensee vorstellbar.

Bereits am Dienstagabend soll Ballweg einem Journalisten vom Rundfunk Berlin-Brandenburg (RBB) von der geplanten Demo in Konstanz erzählt haben.

Reichsbürger und Rechtsextreme auf "Querdenken"-Demos

Die Verlegung sei eine Reaktion darauf, dass Rechtsextreme für die Corona-Demonstrationen in der Hauptstadt mobilisierten und mitliefen, twitterte der Journalist vom RBB, Olaf Sundermeyer. Eine Sprecherin der Polizei Konstanz erklärte am Mittwochmorgen auf SWR-Anfrage, man habe bisher keine Informationen über eine Querdenken-Großdemo am 3. Oktober.

"Querdenken 711" nicht mehr in Berlin

In einem SWR-Fernsehinterview hatte Ballweg am Dienstagnachmittag bestätigt, dass die Stuttgarter Initiative nicht mehr in Berlin protestieren wolle. Zuvor hatte sich der Berliner Senat darauf verständigt, ab sofort Demonstrationen mit mehr als 100 Teilnehmern nur noch zuzulassen, wenn dort ein Mund-Nasen-Schutz getragen wird.

Reaktionen im Internet fallen unterschiedlich aus

Die Reaktionen im Internet auf die Verlegung der Demonstration nach Konstanz fallen unterschiedlich aus. Aufrufe von Rechtsextremen, nach Konstanz zu kommen, gibt es auf den Facebook- und Twitter-Seiten der Initiative "Querdenken" bisher nicht. Der Konstanzer Ableger der Initiative hat auf Facebook 150 Abonnenten. Viele Reaktionen gibt es seit Mittwochfrüh hingegen auf einer regionalen Facebook-Seite und auf Twitter. Die Reaktionen dort sind kontrovers.

VIII. <u>Friedensverbindung:</u>

Verbinden für Frieden und Freiheit 03.10.2020 4 Länder Friedenskette[8]

PROGRAMMABLAUF DER FRIEDENSKETTE AM BODENSEE AM „TAG DER EUROPÄISCHEN EINHEIT“, 03.10.2020

(Stand 21.09.2020)

Als unübersehbares Zeichen für Frieden, Freiheit und Wahrheit koordinieren am 03.10.2020 verschiedene Organisationen und Vereine aus Deutschland, Österreich, der Schweiz und Liechtenstein, unter der logistischen Leitung von #honkforhope eine Friedenskette durch vier Länder am Bodensee: gemeinsam bilden wir eine Menschenkette zur Feier des „Tages der Europäischen Einheit“. Es handelt sich um eine unpolitische, parteifreie Veranstaltung im Sinne des „Salzburger Fundaments “und dessen Werten: Eigenverantwortung Transparente, direkte Demokratie Selbstbestimmung Achtung, Verantwortung und Respekt für alles Leben Die Teilnehmer der Menschenkette werden an 56 Sammelpunkten zwischen Vaduz und Konstanz von unseren Teams begrüßt, und innerhalb eines sportlich kurzen Zeitraumes entlang der Gesamtstrecke verteilt. Dazu wird ein internationales Team aus 2.700 Friedenshelfern im Einsatz sein, das sich in Ordner, Informationsstellen, Friedensboten und viele andere besondere Aufgaben

---

[8] Vgl. https://cloud.querdenken-773.de/index.php/s/56zWWRHceYQ6rkr#pdfviewer

untergliedert (wer mitmachen möchte, kann sich unter https://www.friedenskette-bodensee.de/anmelden-helferals Helfer anmelden). Als Höhepunkt der Veranstaltung schließen wir zu einem vorgegebenen Zeitpunkt (siehe unter „Ablauf") die Menschenkette, und versuchen damit gleichzeitig einen Weltrekord für das Guinness Buch der Rekorde. Diese Idee des Initiators der Friedenskette (Gerry Mayr aus Konstanz) ermöglicht es uns nicht nur, Geschichte zu schreiben, sondern vor allem auch, über unseren Tellerrand hinaus jene Menschen zu erreichen, anzusprechen und einzuladen, mit denen wir bisher nicht vernetzt oder bekannt sind, und mit ihnen ins Gespräch zu kommen. Am Schließen der Menschenkette werden sich viele prominente Personen der demokratischen Friedensbewegung Europas beteiligen, unter anderem freuen wir uns darauf, auch Michael Ballweg begrüßen zu dürfen. Den ganzen Tag über werden wir die Aufstellung der Friedenskette durch eine Live-Berichterstattung begleiten, die ihresgleichen sucht: weltweit zum ersten Mal wird es einen regiegeführten Demo-Livestream geben, den das Team von Stefan Bauer in gewohnt hochwertiger und zuverlässiger Form gestalten wird. Stefan Bauer und sein Team streamen seit 22 Wochen jeden Samstag, meist aus 8 deutschsprachigen Städten, mit 16 ehrenamtlichen Streamern, und haben bis zu 480.000 Zugriffe auf ihren Videostream. Wir planen unter anderem auch Streams zu Wasser und aus der Luft. Außerdem laden wir Künstler aller Richtungen dazu ein, die Teilnehmer während der Aufstellungszeit zu begleiten und als mobile Performances entlang der Strecke zu unterhalten. Wichtige Hinweise:

1) Damit die Friedenskette auch wirklich unpolitisch bleibt, bitten wir, auf Flaggen, politische Kleidung und politische Symbole aller Arten zu verzichten. Ausnahme: Friedensflaggen und Friedenssymbole.

2) Um Widersprüche bei den Angaben zur Teilnehmerzahl zu vermeiden, werden wir unsere Teilnehmer ganz genau zählen. Jeder gezählte Teilnehmer erhält einen Aufkleber. An alle Teilnehmer: wenn ihr jemanden ohne Aufkleber in der Kette seht, bitte schickt ihn zur nächsten Zählstelle, wo er sich einen abholen kann.

3) Da die Friedenskette durch viele verschiedene Gemeinden läuft, werden wir mit unterschiedlichen Auflagen und Vorgaben arbeiten müssen. Wir weisen darauf hin, dass an einigen Stellen der Kette die Behörden möglicherweise das Tragen von Masken von uns verlangen könnten. Um Schwierigkeiten und ein Scheitern der Friedenskette zu verhindern, bitten wir daher die Teilnehmer darum, Masken mitzuführen und im Bedarfsfallentsprechend der örtlich geltenden Corona-Verordnungen zu benutzen.

4) Wir bitten euch, schon im Vorfeld eine Anmeldung für einen bestimmten Streckenabschnitt durchzuführen, damit wir uns besser darauf einstellen können, wer wohin möchte, und die Kette schneller aufstellen können. Die Anmeldung als Teilnehmer findet ihr hier: https://www.friedenskette-bodensee.de/anmelden

5) Ausgenommen von der Anmeldung als Teilnehmer sind die mit den #honkforhope Reisebussen anreisenden Passagiere aus weiter entfernten Gegenden Europas. Diese Passagiere werden in der Logistik eine besondere Rolle spielen, und brauchen sich nicht für einen bestimmten Streckenabschnitt vorzumerken, da jeder Bus einen bestimmten Streckenabschnitt direkt anfahren und sie dort absetzen wird. An Bord des Busses wird eine kurze Einschulung in die besondere Rolle der Buspassagiere für das Gelingen der Veranstaltung stattfinden. Die Anmeldung für die #honkforhope Busreise zur Friedenskette am Bodensee ist hier möglich:

Landkarte mit Haltestellen und Preisen der 1-Tagesfahrt: https://www.google.com/maps/d/edit?mid=1h8qG8lRbWtvFAiN145BCT7559urMNybu&usp=sharingb.

Anmeldung 1-Tagesfahrt (Ankunft Bodensee 03.10. gegen 08:00 Uhr / Abfahrt vom Bodensee 03.10. gegen 22:00 Uhr):

https://docs.google.com/forms/d/e/1FAIpQLSfCeErarrxdUBu3raBieeFok1VGvTDSXCMG8CmYoi39OEGWVA/viewformc.

Landkarte mit Haltestellen und Preisen der 3-Tagesfahrt:

https://www.google.com/maps/d/edit?mid=1_qhaqGKvQxGqkB7ajPCChX0RCuZtaR5T&usp=sharingd.

Anmeldung 3-Tagesfahrt (Ankunft Bodensee 02.10. gegen 18:00 Uhr / Abfahrt vom Bodensee 04.10. gegen 14:00 Uhr -die Planung kann sich noch ändern!!):

https://docs.google.com/forms/d/e/1FAIpQLSdA3Jb5AbX9MlIEp0Lc9LjfOfRC3sXYvn6oMd3BBgM6orsMlg/viewform

6) Weder die Anmeldung zur Friedenskette, noch die Anmeldung zur #honkforhope Busreise beinhalten Unterkunft oder Verpflegung. Bitte denkt daran, dass es möglicherweise nicht an jedem Streckenabschnitt ausreichend Verköstigung vor Ort geben könnte, und bringt euch selbst etwas mit. Besonders wichtig ist Trinkwasser in größerer Menge –am besten drei Liter pro Teilnehmer an der Friedenskette.

7) Wir empfehlen außerdem die Mitnahme von Tüchern oder Schals für das Abstandhalten(„verlängerte Arme"), Sonnencreme, Regenschirm, warmer Kleidung, gutem Schuhwerk, grundlegender Erste-Hilfe-Ausrüstung, Reserve-Energiequellen (Powerbanks!), Film-und Foto-Ausrüstung, sowie eine Installation der Demo-App der Klagepaten(https://klagepaten.eu/gerechtigkeit-in-deiner-hand-demo-app/#) auf euren Mobiltelefonen.

8) Solltet ihr Zeuge außergewöhnlicher Vorfälle werden – insbesondere Handlungen von Teilnehmern oder Behörden, die dem Geist des Friedens, der Rechtsstaatlichkeit oder der Demokratie zuwiderlaufen –bitte fotografiert und filmt, soviel ihr könnt, und schickt euer Material an info@akiss.mediafür eine spätere Sichtung und Aufbereitung bzw. als eventuelle Beweisquellen für die Arbeit der Klagepaten.

9) Eine besonders wichtige Rolle werden bei der Friedenskette unsere „fliegenden Friedensboten" spielen, die Informationen von

einem Streckenabschnitt zum nächsten sowie zwischen den Streckenabschnitten und den Sammelplätzen übermitteln werden. Solltet ihr die Möglichkeit haben, diese Aufgabe zu übernehmen, bringt bitte ein Fahrrad, Inlineskates, ein Kickboard oder ähnliche Fortbewegungsmittel mit.

1. <u>Ablaufplan der Friedenskette am 03.10.2020</u>

(Stand 21.09.2020–Änderungen möglich!)

Phase 1:

08:00 Uhr bis 10:30 Uhr:

Aufstellung der vorangemeldeten Passagiere in ihren jeweils über die App zugeteilten Streckenabschnitten als „Rückgrat" der Operation (mit Unterstützung der #honkforhope Shuttlebusse aus der Bodenseeregion). Ankunft der Fernbuspassagiere an ihren zugewiesenen Streckenabschnitten und Ausladen der Teilnehmer. Zeitgleich: Begrüßung der nicht vorangemeldeten Passagiere an 56Sammelstellen rund um den Bodensee.

Phase 2:

10:30 Uhr bis 13:00 Uhr:

Aufnahme des Shuttle-Service mit #honkforhope Reisebussen (zum Einsatz kommen sowohl die bereits freigewordenen Fernbusse als auch die lokalen Shuttlebusse) zur Verteilung der nicht vorangemeldeten Teilnehmer von den Sammelplätzen zu Lücken der Kette in den Streckenabschnitten. Einsatz privater „Crowdseating-Fahrzeuge" an besonders schwierigen Stellen sowie zur Entlastung der HFH-Flotte.

Phase 3:

13:00 Uhr bis 15:00 Uhr:

Rede-und Unterhaltungsprogramm via Livestream aus den Sendebussen. Spontanes Musizieren vor Ort entlang der Streckenabschnitte. Die Streckenabschnittsordner kontrollieren die Vollständigkeit ihrer Streckenabschnitte und erstatten Bericht und Meldung an die Leitstelle. HFH-Busse sowie Crowdseating-Fahrzeuge gleichen letzte Ungleichmäßigkeiten zwischen den Streckenabschnitten aus.

Phase 4:

15:00 Uhr bis 15:30 Uhr:

auf das Kommando „Kette schließen" werden wir die Menschenkette schließen und sie für einen Zeitraum von 15 Minuten aufrecht erhalten. In diesem Zeitraum erfolgen Kontrollen und Überprüfungen sowie Foto-und Videobeweissicherung durch die Streckenordner und das Kontrollorgan bzw. dessen Erfüllungsgehilfen. Anschließend gibt es 15 Minuten Programmpause zum Genießen des Erfolges.

Phase 5:

15:30 Uhr bis 18:00 Uhr:

mit Hilfe der Crowdseating-Fahrzeuge, der #honkforhope Reisebusse sowie der eigenen Fahrzeuge der Kettenteilnehmer lösen wir die Kette wieder auf und befördern jeden Teilnehmer zurück zu seinem ursprünglichen Ausgangspunkt.

Phase 6:

18:00 Uhr bis 19:30 Uhr:

Zeitraum für selbständiges Abreisen der Kettenteilnehmer bzw. für Anreise zur Abschlussauswertung der Aktion (derzeit sind noch mehrere Bühnen entlang des Bodensee zur Bekanntgabe der Ergebnisse denkbar, fest steht eine Auswertungsbühne in Konstanz).

Phase 7:

19:30 Uhr bis 21:00 Uhr:

Bekanntgabe des Erfolges der Menschenkette, vom zentralen Sendestudioaus bzw. auf den unter Phase 6 erwähnten Bühnen.

Phase 8:

21:00 Uhr bis 22:00 Uhr:

Die #honkforhope Buspassagiere werden mit Hilfe der Shuttlebusse zurück zu ihren Fernbussen gebracht. Abfahrt der Ein-Tages-Fernbusse erfolgt um 22:00 Uhr.

2. PROGRAMMVORSCHAU AUF DEN NÄCHSTEN TAG:

Am 04.10.2020 wird es an mehreren Stellen entlang des Seeufers, unter anderem in Konstanz(mit Gerry Mayr und Michael Ballweg), verschiedene Demos geben. Wer die Möglichkeit hat, noch etwas länger am Bodensee zu verweilen, und daran teilnehmen möchte, wird von uns zu einem späteren Zeitpunkt eine Gesamtübersicht aller stattfindenden Demos erhalten.

IX. Reaktion:

250.000 Teilnehmer und Kette um Bodensee? Jetzt reagiert Konstanz auf Querdenken-Pläne[9]

15.40 Uhr: Nach den umstrittenen Großdemonstrationen gegen die Corona-Maßnahmen in Berlin will die Initiative „Querdenken" zum Einheitsfeiertag am 3. Oktober in Konstanz demonstrieren. Für die Demo in Baden-Württemberg solle auch in der Schweiz, in Österreich und in Frankreich mobilisiert werden, sagte der Gründer von Querdenken 711 aus Stuttgart, Michael Ballweg, am Mittwoch im Deutschlandfunk.

Michael Ballweg, Initiator der Initiative „Querdenken 711".

[9] Vgl. https://www.focus.de/politik/deutschland/corona-demos-250-000-teilnehmer-jetzt-reagiert-konstanz-auf-querdenken-plaene_id_12372679.html

Es sei eine Menschenkette mit bis zu 250.000 Teilnehmern geplant, sagte Querdenken-Mitglied Gerry Mayr dem SWR. Die Anti-Corona-Demo solle einen Tag der europäischen Einheit symbolisieren. Dabei sei eine Menschenkette um den Bodensee vorstellbar, heißt es von der Organisation.

Angemeldet ist die Demonstration bislang nicht, sagte ein Sprecher der Stadt Konstanz auf Nachfrage von FOCUS Online. „Wir haben aus den Medien davon erfahren. Eine Anfrage liegt der Stadt nicht vor." An den letzten vier Samstag gab es in der Stadt bereits kleinere „Querdenken"-Demonstrationen mit bis zu 100 Menschen. Eine Großdemonstration am Tag der deutschen Einheit würde ein ganz anderes Ausmaß annehmen: „Eine Veranstaltung mit bis zu 250.000 Teilnehmern in einer Stadt zu planen, die selbst 85.000 Einwohner hat, stelle ich mir schwierig vor – auch für die Genehmigung", sagt der Sprecher. Sollte die „Querdenken"-Initiative eine Menschenkette um den Bodensee herum planen, müssten sowohl Landratsamt als auch die 20 bis 30 Gemeinden rund um den See zustimmen, so der Sprecher. Auch die Polizei in Konstanz hat nach eigenen Auskünften noch keine näheren Informationen.

Nach Angaben Ballwegs wird Querdenken 711 die Proteste in Berlin künftig nicht mehr organisieren, sondern dies dem Berliner Ableger Querdenken 30 überlassen. Dieser habe noch Vorbereitungszeit gebraucht, um selbst Großdemonstrationen organisieren zu können. Inzwischen sei er dazu in der Lage.

X. Trotz:

Corona-Demo in Konstanz findet trotz Berlin-Eskalation wohl statt[10]

Anfang Oktober ist in Konstanz eine Demo der Corona-Skeptiker geplant. Bisher wurde diese nicht verboten, trotz der versuchten Reichstagsstürmung in Berlin.

Das Wichtigste in Kürze

- Die Organisation Querdenken meldete für den 4. Oktober eine Demo in Konstanz an.
- Am 3. Oktober soll eine weitere Aktion stattfinden: eine Menschenkette um den Bodensee.
- Die konkreten Pläne wie Richtlinien sind allerdings noch nicht bekannt.

Die Bilder gingen um die Welt. Am Rande einer Anti-Corona-Demo in Berlin versuchten Rechtsextremisten den Reichstag zu stürmen. Die Teilnehmer belagerten dabei die Treppe des Gebäudes. Nun ist eine nächste Demonstration in Konstanz angesagt. Deutschland wie auch die Schweiz zeigen sich besorgt.

Besonders die schwarz-weiss-roten Reichsflaggen erregten dabei Aufsehen – und erzeugten viel Gegenwind. Die deutsche Politik

---

[10] Vgl. https://www.nau.ch/corona-demo-in-konstanz-findet-trotz-berlin-eskalation-wohl-statt-65782427

fürchtet, dass die Anti-Corona-Bewegung von Rechtsextremen gekapert wird.

Walter Rügert, Pressesprecher der Stadt Konstanz, meinte Anfang September zu einer geplanten Demo in Konstanz: «Alte Reichskriegsflaggen und entsprechende Parolen möchten wir hier nicht sehen und hören.»

stehen mit Reichsflaggen in Berlin.

Eine Anti-Corona-Demo vor dem Reichstag in Berlin. – dpa

Die Organisation Querdenken plante eine Corona-Demo in Konstanz am 3. Oktober. Anfang September sah die Lage kritisch aus: An diesem Tag seien bereits mehrere Demonstrationen geplant, hiess es vonseiten Stadt. Deshalb will die Organisation nun einen Tag später protestieren, wie der «Südkurier» schreibt.

Neben der Demonstration am nun 4. Oktober ist allerdings noch das Bilden einer Menschenkette um den ganzen Bodensee geplant. Dies soll nach wie vor am Tag vorher stattfinden.

Keine Demonstration nach der Friedenskette geplant

Die Stadt müsse sich dabei aber keine Sorgen machen, sagt Gerry Mayr, Kopf der lokalen Querdenker, gegenüber der Zeitung. «Wir werden die Menschen nach der Friedenskette nicht bespassen.» Eine Demonstration gäbe es demnach erst am nächsten Tag. Angemeldet ist dabei eine Veranstaltung mit 3800 Personen.

Walter Rügert, Sprecher der Stadt, sagt gegenüber Nau.ch: «Stand heute sind keine Gründe ersichtlich, die ein Verbot der angemeldeten Versammlung rechtfertigen.»

Zwar gebe es Überschneidungen, da bisher 15 (!) weitere Demos angemeldet sind. Alle am selben Wochenende. Diese sollen gemeinsam mit den Anmeldern allerdings noch kanalisiert werden. «Das Verfahren ist also noch nicht abgeschlossen.»

Vorgehen soll früheren Demos angepasst werden

Zu konkreten Plänen werde man frühestens Ende nächster Woche etwas sagen können. Mit der Polizei wurde jedoch bereits ein Gespräch geführt, erklärt Rügert weiter. «Ausserdem wollen wir die Erkenntnisse der vergangenen Demonstrationen in München, Stuttgart und Berlin auswerten, um unser Vorgehen anzupassen.»

An den Demonstrationen der Corona-Skeptiker tauchen immer wieder Reichsflaggen und Hakenkreuze auf. - Keystone

Dies scheint bitternötig: An der letzten grossen Anti-Corona-Demo in Berlin Ende August versuchten Rechtsextremisten den Reichstag zu stürmen. Auch Schweizer dürfte die Demo an der Grenze mobilisieren.

Darunter auch Schweizer Rechtsextremisten, glaubt Hans Stutz, Beobachter rechtsextremer Bewegungen. Dies, weil die Versammlung nicht weit von der Grenze stattfinden wird.

Der Grüne Luzerner Kantonsrat Hans Stutz beobachtet und dokumentiert rechtsradikale Bewegungen in der Schweiz. - Nau

Zwar distanzierte sich Querdenken von den Rechtsextremisten. Für Stutz ist es für eine solche Trennung allerdings zu spät. «Schon bei vorgängigen Demonstrationen liessen die Corona-Skeptiker Rechtsextreme zu. Sie sind Teil der Bewegung», sagte Stutz jüngst zu Nau.ch.

Auch die Menschenkette wird von der Schweiz mit einem kritischen Auge betrachtet. Laut Mayr hätten einzelne Gemeinden bereits ein Verbot angekündigt. Deswegen ist er allerdings nicht besorgt: «Mit welchem Argument kann man jemandem verbieten, auf dem Boden der Mutter Erde zu stehen?»

XI. Verschiebung:

DARUM VERSCHIEBT "QUERDENKEN" DIE CORONA-DEMO IN KONSTANZ[11]

Konstanz - **Die Querdenken-Demonstration in Konstanz am Bodensee gegen die** Corona-Politik **soll doch nicht am Tag der Deutschen Einheit stattfinden.**

8. August: Eine Kundgebung der Initiative "Querdenken 711" im unteren Schlossgarten.

Der lokale Ableger der Stuttgarter Initiative hat seine Kundgebung am Hafen auf den 4. Oktober verschoben. Grund für die

[11] Vgl. https://www.tag24.de/thema/coronavirus/konstanz-querdenken-demo-auf-den-4-oktober-verschoben-coronavirus-covid-19-sars-cov-2-1650068

Verschiebung sei die Vielzahl der für den 3. Oktober vorgesehenen Veranstaltungen, sagte Organisator Gerry Mayr am Mittwoch.

Nach Angaben der Stadt sind für den Tag bisher 16 Kundgebungen angemeldet. Zuvor hatte der Südkurier (Mittwoch) darüber berichtet.

Die Friedens-Menschenkette der Initiative am Bodensee ist den Organisatoren zufolge aber nach wie vor für den 3. Oktober geplant.

Die Stadt Konstanz prüft noch mit Blick auf Abstands- und Hygieneregeln, ob und in welcher Form die Demonstrationen an dem Wochenende stattfinden können.

Eine Entscheidung darüber sei vermutlich Ende kommender Woche zu erwarten, sagte ein Stadtsprecher.

Für die Querdenken-Demo hat Mayr 4500 Teilnehmer angemeldet.

XII. Weltrekord:

Querdenken 753 - Konstanz

03.10.2020
Großdemonstration
mit
127km langer Menschenkette

QUERDENKEN

753 - Konstanz

Am Tag der Deutschen Einheit[12]

Organisiert von **Querdenken 753 – Konstanz** – Initiator ist **Gerhard „Gerry" Mayr er ist ein Deutscher Extremsportler – er hat mehrere Einträge im** Guinness-Buch der Rekorde . Mit **127km langer Menschenkette durch vier Länder** und dem Versuch eines Eintrages ins Guinness Buch der Weltrekorde (dies ist aber nur ein netter Nebeneffekt) – von **Liechtenstein, Österreich, die Schweiz nach Deutschland**.

Auf der Website www.friedenskette-bodensee.com findest du zukünftig alle Informationen (aktuell ist diese Website noch im Aufbau).

Es wird um Anmeldung gebeten – doch bitte gedulde dich derzeit noch, dies ist auf der Website derzeit noch nicht möglich – einfach täglich mal rein schauen – klick. **Jeder Teilnehmer erhält gegen eine kleine Gebühr einen „Abstandsschaal", der auch ggf. als Mundschutz getragen werden kann** – du kannst aber auch selbst einen mitbringen.

[12] Vgl. https://wir.zwitschern.net/2020/09/02/03-10-2020-grossdemonstration-mit-menschenkette-in-konstanz-mit-querdenken-753/

Auf der Website schreibt der Initiator: „Zu unserem ersten Versammlungs und Kungebungsort Vaduz kommen über die Alpen unsere Freunde aus **Südtirol und Italien**. Auch unsere Freunde von **Frankreich** schließen sich der Kette an. Diese geht am Konstanzer Konzil vorbei um den Unter- und Obersee und wird sich in Bregenz wieder schließen. Der Aufbau der Kette beginnt um **12:00 Uhr** und schließt sich um **16.00 Uhr**, wo eine große **Abschlusskundgebung "Die**

Rakete" in **Konstanz** auf dem Festgelände „Klein Venedig" sowie in Kreuzlingen (CH) erfolgt."

Alle Informationen findest du auch hier:

Hier geht es zur Website von Friedenskette-Bodensee – klick.
Für mehr Infos siehe auch die Website Querdenken 753 – Konstanz – klick.
Hier geht es zum Telegram Kanal um sich auszutauschen von Querdenken 753 – Konstanz – klick.
Hier geht es zum Telegram Kanal ausschließlich für Informationen – klick.
Über booking.com kannst du ein Hotel buchen – klick.

Achtung hier muss an dieser Stelle ein kurzer „Nachdenker" eingebaut werden.
Ich möchte hier bewusst kurz meine Meinung zu den Disharmonien äußern, welche durch ein Bild ausgelöst wurden.

1. Dieses Bild (das Erste, bereits geändert) wurde von uns innerhalb kurzer Zeit gestaltet um Querdenken 753 – Konstanz und deren geplante Veranstaltung bekannter zu machen (ich denke viele wissen nicht wie viel Aufwand dahinter steckt, aber dies soll nur nebenbei erwähnt sein) – dieses Bild und der Text wurden weder von Querdenken 711 noch von Querdenken 753 gestaltet – dies möchten wir auf diesem Wege mitteilen, da wir der Bewegung in keinster Weise schaden wollen!
Da mit so einer großen Facebook Gruppe und diesem Blog auch Verantwortung an die Türe klopft, möchten wir diese auf diesem Wege begrüßen

2. Querdenken 711 und die Regionalgruppe Querdenken 753 haben bedingt miteinander zu tun – die Regionalgruppen werden sicherlich von Querdenken 711 unterstützt – aber jede einzelne Regionalgruppe besitzt **die Freiheit** Versammlungen und Ideen zu gestalten und umzusetzen.

Das dies nun aber doch von einigen anders gesehen wird, stimmt einen nachdenklich und auch traurig.

3. Weil einige nun denken „Berlin is the place to be“, muss nun jede Demonstration dort stattfinden?
Ihr wisst schon, dass sich jeder Einzelne der stark im Kritisieren ist, selbst eine regionale Gruppe gründen kann oder auch diese mit Ihrer Meinung unterstützen darf?
Ihr wisst, dass Querdenken in Stuttgart gegründet wurde und es einen enormen logistischen Aufwand bedeutet, all das Equipment nach Berlin zu schaffen?
Es hat nie geheißen, dass nun alle Demonstrationen nach Berlin verlagert werden.
Es war auch nie die Rede davon, dass das Protest Camp in Berlin welches im Anschluss für zwei Wochen statt finden sollte, nicht mehr umgesetzt wird. Aber derzeit ist Ralf Ludwig dabei juristische Schritte gegen das Verbot dieses Camps durchzusetzen.

4. Was hat sich der Extremsportler, dessen Hobby es u.a. ist durch extreme Aktionen und Adrenalin pur durchs Leben zu gehen, vermutlich gedacht als er diese Versammlung ins Leben gerufen hat?
Vielleicht wollte er Reichweite generieren, denn über einen möglichen Weltrekord müssen die Medien doch berichten (?). Aber nicht nur die Deutschen Medien, sondern eben auch jene aus Österreich, der Schweiz und Liechtenstein.
Kann man solch einer Menschenkette vorwerfen, dass diese „rechts“ ist?

Natürlich ist es eine enorme Herausforderung, aber mit der Unterstützung aller Menschen die bereits in Berlin waren und vielen die tendenziell eher südlicher leben, kann dies doch gelingen? Mal darüber nachgedacht, dass auch Menschen aus südlicheren Regionen an den Veranstaltungen teilnehmen wollen und einen sehr weite Anreise nach Berlin haben?

5. Dass sich Menschen an einem möglichen Eintrag ins Guiness Buch der Recorde so stören, aber behaupten sie wären Querdenker und stünden für Freiheit, wage ich sehr zu bezweifeln – lasse mich

aber gerne eines besseren belehren
Es lebe die Vielfalt und nicht jede Aktion gefällt jedem gleich gut. Wer für Freiheit einsteht, sollte auch etwas mehr Toleranz und Offenheit mitbringen.
Vielleicht gehst du, der gerade immer noch zweifelt, in dich und überlegst dir was das Wort Freiheit impliziert – dass vielleicht genau deine „engstirnige" Ansicht eben nicht für Freiheit steht.

Freiheit ist die Möglichkeit sich mindestens zwischen zwei Möglichkeiten ohne Zwang entscheiden zu können.

Alle **Demo Termine** findest du auch auf unserem Blog – klick.
Dies sind die aktuellen Termine für Querdenken:
München 12.09.2020
Stuttgart 27.09.2020

Konstanz 03.10.2020

Leipzig 07.11.2020

In diesem Video vom 02. Sept. spricht Herr Ballweg die aktuellen Demonstrationstermine an

XIII. Antworten:

71 Antworten auf „03.10.2020 Großdemonstration mit Menschenkette in Konstanz – mit Querdenken 753“[13]

Wolfgangsagt:

2. September 2020 um 16:43

Liechtenstein bitte mit „ie“
Danke
Bin dabei

wir zwitschernsagt:

2. September 2020 um 16:58

Wenns nur um das e geht
Haben wir direkt geändert.

---

[13] Vgl. https://wir.zwitschern.net/2020/09/02/03-10-2020-grossdemonstration-mit-menschenkette-in-konstanz-mit-querdenken-753/

Hans-Peter sagt:

3. September 2020 um 7:28

Menschen Kette für Veränderung im Land und in der Welt gerne. Da bin ich dabei. Wir haben auch in Berlin große mediale Aufmerksamkeit gehabt. Aber wie vorher schon gesagt wurde, nicht wegen Guiness Buch. Auch wenn es nur Nebeneffekt sein sollte. In Berlin wurden Menschen von der Polizei für ihr Aufstehen gegen diese Diktatur verprügelt. Für einen Nebeneffekt Guiness komme ich nicht nach Konstanz. Das nimmt der Sache die notwendige Ernsthaftigkeit. Tut mir leid. Fröhlichkeit sollte uns nie abhanden kommen, aber nach der Polizeigewalt in Berlin sollten wir jetzt sagen: Nicht mit uns! Friedlich wie immer, aber nachdrücklich. Das ist jetzt wichtig, nicht das Guinness Buch der Rekorde. Liebe Grüße

wir zwitschernsagt:

3. September 2020 um 11:18

Hallo Hans-Peter,
danke für deinen Kommentar.
Nachtrag Blogbeitrag: „Dass sich Menschen an einem möglichen Eintrag ins Guiness Buch der Recorde so stören, aber behaupten sie wären Querdenker und stünden für Freiheit, wage ich sehr zu

bezweifeln – lasse mich aber gerne eines besseren belehren
Es lebe die Vielfalt und nicht jede Aktion gefällt jedem gleich gut. Wer für Freiheit einsteht, sollte auch etwas mehr Toleranz und

Offenheit mitbringen.
Vielleicht gehst du, der gerade immer noch zweifelt, in dich und überlegst dir was das Wort Freiheit impliziert – dass vielleicht genau deine „engstirnige“ Ansicht eben nicht für Freiheit steht.“

Freiheit ist die Möglichkeit sich mindestens zwischen zwei Möglichkeiten ohne Zwang entscheiden zu können.

Viele Grüße

Barbara sagt:

3. September 2020 um 22:20

Findet die Demo definitiv in Konstanz am 03.10. statt? Dann würde ich nämlich jetzt alles buchen.

wir zwitschernsagt:

3. September 2020 um 22:23

Hallo,
diese ist angemeldet, bislang nicht genehmigt.
Die Planung schreitet aber immer weiter voran – Entscheidungen zu solchen Demonstrationen können wie am 29.08.2020 auch ganz am Schluss erst fallen.
Wir würden uns freuen wenn du und deine Familie/Freunde dabei bist.

Alle aktuellen Informationen posten wir hier.

Viele Grüße die Zwitscherer

VOM BEITRAGSAUTOR

Wilhelm sagt:

28. September 2020 um 21:18

Natürlich, alles findet statt, besser wäre Du trägst dich in die Liste ein, wo du mittags stehen willst und evtl. ein Plakat mitbringst.

Hans-Peter sagt:

4. September 2020 um 8:53

Also weil ich meine, dass das mit dem Guinness Buch in dieser Zeit wo unsere Kinder unter Masken gezwängt werden, nicht hilfreich ist, bin ich „engstirnig“? Erinnert mich irgendwie an unsere Regierung, die uns als Verschwörungstheoretiker und Nazis bezeichnet. Könnt ihr nicht ernst gemeint haben. Habe meine Meinung sagen wollen, nicht mehr und nicht weniger. Liebe Grüße

wir zwitschernsagt:

4. September 2020 um 14:23

Hallo,
unser Blog bezieht sich nicht allein auf deinen Kommentar – wir betreuen auch eine Facebook Gruppe mit über 16.000 Mitgliedern –

wir wollten dich lediglich auf unser Änderung hinweisen

Viele Grüße die Zwitscherer

VOM BEITRAGSAUTOR

Andrea sagt:

5. September 2020 um 12:06

Ich sehe das so, dass wir auf jede – auch positive – Weise versuchen sollten, Aufmerksamkeit zu erlangen. DAMIT dann unsere Not und Forderungen FÜR unsere Kinder, FÜR Wiedereinsetzung des Grundgesetzes, FÜR Freiheit, Frieden, Aufklärung, Selbstbestimmung, … … GEHÖR FINDEN! Vielleicht lassen sich zu einer etwas entzerrten DEMO mehr Menschen einladen, als wenn alle auf einem „Haufen“ stehen. Außerdem ist das dann ja für mind. vier Länder.

Helmutsagt:

5. September 2020 um 15:23

es zwingt Sie doch niemand daranteilzu nehmen,aus welchenGruenden auch immer.

Cornelia sagt:

2. September 2020 um 16:52

Bis jetzt stand ich ja voll hinter euch. Aber was soll das mit dem Guiness Buch der Rekorde? Geht einfach überhaupt nicht. Das ist doch kein Spaß! Ich dachte es geht euch um Menschenrechte und nicht um bescheuerte Rekorde? Nicht mehr glaubwürdig für mich.

wir zwitschernsagt:

2. September 2020 um 16:57

Hallo,
das ist doch nur ein Nebeneffekt – es geht doch primär um die Menschenrechte – das geht aber auch aus allen Posts m.E. hervor.

Aber jeder darf seine Meinung haben
Durch diese Aktion erreicht man Reichweite die wir derzeit durch die fehlenden Medien nicht haben – außerdem erhält man

Aufmerksamkeit.

Viele Grüße die Zwitscherer

VOM BEITRAGSAUTOR

Geromesagt:

2. September 2020 um 20:07

Für mich schon. Wieviele Menschen passen da bei einem Abstand v. 1.5 m + geschätzter Schulterbreite von ca. 50 cm zusammen????? Das können selbst Leute von der Quslitätspresse... und von der ARD oder vom ZDF.... UND... das Allerbeste: Politiker können die Zahlen schlecht fälschen...

Hubert sagt:

2. September 2020 um 21:05

Finde ich auch. Warum muss das sein. Wir haben ein wichtiges Ziel und solche Rekorde verzerren in den Medien unsere Ernsthaftigkeit. Ich mag es nicht glauben. Das ist dann wieder ein Happening. So finde ich geht es nicht. Tut mir wirklich leid.

wir zwitschernsagt:

3. September 2020 um 11:33

Hallo Hubert,
danke für deinen Kommentar.
Nachtrag Blogbeitrag: „Dass sich Menschen an einem möglichen Eintrag ins Guiness Buch der Recorde so stören, aber behaupten sie wären Querdenker und stünden für Freiheit, wage ich sehr zu bezweifeln – lasse mich aber gerne eines besseren belehren
Es lebe die Vielfalt und nicht jede Aktion gefällt jedem gleich gut.
Wer für Freiheit einsteht, sollte auch etwas mehr Toleranz und Offenheit mitbringen.
Vielleicht gehst du, der gerade immer noch zweifelt, in dich und überlegst dir was das Wort Freiheit impliziert – dass vielleicht genau deine „engstirnige" Ansicht eben nicht für Freiheit steht."

Freiheit ist die Möglichkeit sich mindestens zwischen zwei Möglichkeiten ohne Zwang entscheiden zu können.

Alle aktuellen Informationen posten wir hier.

Viele Grüße die Zwitscherer

VOM BEITRAGSAUTOR

Mike sagt:

3. September 2020 um 19:39

Motivationen, wie etwas zu erreichen ist, können ja bekanntlich auch Unterschiede aufweisen. So wird es sicherlich auch bei Garry und Eloas (der Initiator einer früheren Bodensee-Friedensmenschenkette) sein, die ganz verschiedene Biographien haben und entscheidend ist doch dass alle ein gemeinsames Ziel vor Augen haben. Statt sich an einer anderen Herangehensweise zu stören, wäre es doch besser zu realisieren wie sie einander ergänzen um dahin zu gelangen. Betrachte das mit dem Guiness Buch doch einfach wie ein Sahnehäubchen, welches die Publizität erhöhen würde. Der Leiter einer Sportfördergruppe, die sich an Weltmeisterschaften im Militärbereich beteiligt, meinte ob des dahinterstehenden freundschaftsfördernden Anliegens mal „Es wäre gelogen wenn man nicht gewinnen will". Man kann das auch sportlich nehmen und vielleicht ist das ein Aspekt bei Garry. Er würde sicherlich nicht jede Woche auf der lokalen Querdenkenbühne stehen, wenn ihm der Ernst der Lage nicht bewusst wäre. Das könnte er auch gar nicht ausblenden, denn die Maßnahmen betreffen auch sein Geschäft. Und es wäre doch gut, wenn es gelingt trotz all des Ernstes mit Freude an eine Aufgabe heranzugehen.

wir zwitschernsagt:

9. September 2020 um 10:12

Hallo,
toll auf den Punkt gebracht – wir freuen uns wenn auch du am 02.10.2020 dabei bist

Alle aktuellen Informationen posten wir in diesem Blogbeitrag.

Viele Grüße die Zwitscherer

VOM BEITRAGSAUTOR

Nadl sagt:

2. September 2020 um 17:17

Meeega. Natürlich sind wir auch hier wieder dabei. Die Idee ist phänomenal und wir sind vorfreudig gespannt auf diesen besonderen Tag. Danke an alle!

wir zwitschernsagt:

2. September 2020 um 17:26

Wir freuen uns auch sehr.

VOM BEITRAGSAUTOR

Herbysagt:

3. September 2020 um 7:50

Ich bin auf jeden Fall dabei

Manu sagt:

2. September 2020 um 19:31

Wir werden auch dieses Mal dabei sein und diese Friedensdemo wird ganz Europa verbinden. Ich kann nur an alle appellieren: Lasst euch nicht spalten, denn das ist immer das Mittel der Herrschenden, um Bewegungen zu zerschlagen. Lasst das nicht zu! Es geht um unsere Zukunft und um unser menschenwürdiges Überleben.

wir zwitschernsagt:

3. September 2020 um 9:39

Hallo,
wir freuen uns schon auf diesen tollen Tag – toll das Querdenken 753 – Koblenz dieses große Ereignis organisiert. Alle aktuellen Informationen posten wir hier.

Viele Grüße die Zwitscherer

VOM BEITRAGSAUTOR

Peggy sagt:

3. September 2020 um 21:54

Wow, tolle Idee, auch das mit dem Guinness Buch. Da bin ich gerne dabei und schaue direkt mal nach einem Hotel

ist die Demo bereits genehmigt?

wir zwitschernsagt:

3. September 2020 um 22:08

Hallo,
diese ist angemeldet, bislang nicht genehmigt.
Die Genehmigung kann aber ja auch erst am Tag selbst kommen – wir haben auch bereits unser Hotel gebucht.
Alle aktuellen Informationen posten wir hier.

Viele Grüße die Zwitscherer

VOM BEITRAGSAUTOR

Wilhelm sagt:

28. September 2020 um 21:23

Ja ich werde mein Alphorn zum Mittag und zur Kette blasen!

Bernd sagt:

2. September 2020 um 20:57

Ich wünsche euch einen Riesenerfolg
An Alle: Haltet durch und lasst euch nicht von den Diktatoren der Bundesregierung einen Strich durch die Rechnung machen!!!

wir zwitschernsagt:

9. September 2020 um 10:14

Hallo,

wir würden uns auch über deinen Besuch in Konstanz freuen
Alle aktuellen Informationen posten wir hier.

Viele Grüße die Zwitscherer

VOM BEITRAGSAUTOR

Uwe sagt:

2. September 2020 um 21:42

Super Idee
Bin dabei!!!

wir zwitschernsagt:

9. September 2020 um 10:14

Hallo,
bring gerne Freunde und Familie mit – je mehr wir sind desto besser.
Alle aktuellen Informationen posten wir hier.

Viele Grüße die Zwitscherer

VOM BEITRAGSAUTOR

Nihalsagt:

2. September 2020 um 23:35

Auch dort bin ich dabei, Berlin war beides mal grandios, ein drittes mal wird es vorerst nicht friedlich möglich werden.
Die Idee mit der Menschenkette von 127 km ist genial.
Zumal es dann auch leicht zu schätzen /berechnen wäre wieviele Teilnehmer es sind!

wir zwitschernsagt:

9. September 2020 um 10:15

Hallo,
das können wir nur so bestätigen der 01. August und der 29. August

waren Momente an die man nie geglaubt hätte – hätte einen das jemand vor ein paar Monaten erzählt.
Wir freuen uns dich in Konstanz zu sehen, bring Freunde und

Familie mit, damit wir immer mehr werden
Alle aktuellen Informationen posten wir hier.

Viele Grüße die Zwitscherer

VOM BEITRAGSAUTOR

Geis sagt:

2. September 2020 um 23:48

Super Idee, unsere Quer-Gruppe 775 wird größtenteils dabei sein und wir freuen uns.

Schön wäre es, wenn die Verfassungsgebende Versammlung dort einen Redestand/Wagen oder Sammelstand für Vorschläge hätte.

Ich halte die Eröffnung und die Fortführung der VV für das wichtigste Ergebnis der Demo vom 29.8.2020 in Berlin

wir zwitschernsagt:

9. September 2020 um 10:17

Hallo,
da freuen wir uns aber – wir werden auch auf jeden Fall dabei sein. Haben wir eure Ortsgruppe auch bereits in unserem Blog mit aufgenommen https://wir.zwitschern.net/baden-wuerttemberg/
Alle aktuellen Informationen posten wir hier.

Viele Grüße die Zwitscherer

VOM BEITRAGSAUTOR

helmut sagt:

3. September 2020 um 1:43

wird die Wasserschutzpolizei besimmt mit Kreuzern und U-Booten auftauchen

wir zwitschernsagt:

9. September 2020 um 10:18

Hallo,
ja das ist wichtig und gut, die Polizei muss uns Menschen bei solch

einer großen Demonstration schützen.

Viele Grüße die Zwitscherer

VOM BEITRAGSAUTOR

Monika sagt:

3. September 2020 um 7:35

Wir haben schon gestern für 5 Personen eine Unterkunft in Lindau gebucht. Ich finde diese Aktion mega!!! Zum einen ist es eine klare Abgrenzung der Demos gegen rechts in Berlin und zum Anderen werden wir hoffentlich eine andere Berichterstattung haben. Viiiielen Dank euch

wir zwitschernsagt:

9. September 2020 um 10:18

Hallo,
super das ist toll zu hören – bringt gerne auch Freunde mit und

erzählt es weiter
Alle aktuellen Informationen posten wir hier.

Viele Grüße die Zwitscherer

VOM BEITRAGSAUTOR

Wolfgang sagt:

3. September 2020 um 8:55

Hallo
Um die Kette zu vollenden
Wieviele Menschen müssten teilnehmen u wenn mehr kommen wo findet Kundgebung statt mit den vielen Teilnehmern?

wir zwitschernsagt:

9. September 2020 um 10:22

Hallo,
es werden so ca. 100.000 Menschen für die Strecke um den Bodensee benötigt.
Das Feedback der Menschen ist aber durchweg überwältigend.
Derzeit ist der Ablauf noch in Planung – du wirst aber alle aktuellen

Informationen in diesem Blogbeitrag finden

Viele Grüße die Zwitscherer

VOM BEITRAGSAUTOR

Karinsagt:

3. September 2020 um 9:03

nehmt bitte den Text betreffend Guiness Buch der Rekorde raus, das hat doch mit Querdenken nichts zu tun!!!@@

wir zwitschernsagt:

3. September 2020 um 11:16

Hallo Karin,
danke für deinen Hinweis, aber die Entscheidungen was wir auf

unserem Blog tun, treffen wir selbst
Nachtrag Blogbeitrag: „Dass sich Menschen an einem möglichen Eintrag ins Guiness Buch der Recorde so stören, aber behaupten sie wären Querdenker und stünden für Freiheit, wage ich sehr zu

bezweifeln – lasse mich aber gerne eines besseren belehren
Es lebe die Vielfalt und nicht jede Aktion gefällt jedem gleich gut. Wer für Freiheit einsteht, sollte auch etwas mehr Toleranz und Offenheit mitbringen.
Vielleicht gehst du, der gerade immer noch zweifelt, in dich und überlegst dir was das Wort Freiheit impliziert – dass vielleicht genau deine „engstirnige" Ansicht eben nicht für Freiheit steht."

Freiheit ist die Möglichkeit sich mindestens zwischen zwei Möglichkeiten ohne Zwang entscheiden zu können.

Alle aktuellen Informationen posten wir hier.

Viele Grüße die Zwitscherer

VOM BEITRAGSAUTOR

Traudlsagt:

24. September 2020 um 22:52

Ich fände es gut, wenn die Menschenkette durch eine entsprechend hohe Teilnehmerzahl einen Eintrag in das Buch der Rekorde findet. Ein solcher Eintrag weckt die Aufmerksamkeit unserer globalen Welt. Zudem trägt ein solcher ganz sicher dazu bei, ein Umdenken bei vielen Menschen herbei zu führen, die noch immer von der Merkel"schen" Politik überzeugt sind. Die Stasi-Methoden, die unsere Bundeskanzlerin unter ihrem Decknamen „Stasi-Erika" zu Zeiten von Honecker fleißig erlernt hat, will sie nun in unserem einst demokratischen Land einführen. Das dürfen wir auf keinen Fall zulassen. Schon wegen der Zukunft unserer Kinder nicht. Deshalb finde ich es eine super Idee, mit einem Eintrag ins Guiness-Buch durch eine Menschenkette auf die aktuelle Situation und unsere verlogenen Politiker aufmerksam zu machen.

Werner sagt:

3. September 2020 um 10:17

Saugut, dass ihr das initiiert.
Ich war 1982 in der Menschenkette.welche die Atomwaffenlager auf der schwäbischen Alb verbunden hat (Mutlangen und Großengstingen). Und ich dachte: so eine Menschenkette hätte eine unglaubliche Wirk-Kraft.
Jetzt kommt sie.
Einfach genial

wir zwitschernsagt:

9. September 2020 um 10:23

Hallo,
da freuen wir uns aber, hoffen wir werden dich auch in Konstanz antreffen
Alle aktuellen Informationen posten wir hier.

Viele Grüße die Zwitscherer

VOM BEITRAGSAUTOR

SuperHerosagt:

3. September 2020 um 11:32

Durch formen einer Menschen- Kette befreite sich seinerzeit das Baltikum vom der UdSSR. Noch lieber als ne Kette waere mir aber eine Menschen-Girlande

wir zwitschernsagt:

9. September 2020 um 10:24

Hallo,
wie sieht wäre denn eine Menschen-Girlande?
Wir freuen uns auf jeden Fall auf deinen Besuch in Konstanz.
Alle aktuellen Informationen posten wir hier.

Viele Grüße die Zwitscherer

VOM BEITRAGSAUTOR

Rainer sagt:

4. September 2020 um 15:43

Schade dass schon so eine Kleinigkeit wie Guinessbuch Eintrag Gut / nicht gut ausreicht um uns zu „entzweien“. Ich persönlich finde die Idee gut – aber ich kann auch die Gegenargumente verstehen. Wollen wir nicht genau für das eintreten? Das jeder seine Meinung frei äussern darf – ohne gleich diffamiert zu werden? Ich werde mitmachen – aber ich hätte auch mitgemacht wenn ich die Idee nicht gut gefunden hätte. Weil es um ganz andere Ziele geht und wir jetzt zusammen stehen müssen. Ich glaube übrigens nicht dass darüber berichtet wird. Wahrscheinlich kommt es wegen eines „Formfehlers" – Jemand steht zum Beispiel barfuss in der Kette oder es haben sich nicht alle gleichzeitig die Hand gereicht – also keine Kette – oder... – nicht zu einem Eintrag. Freue mich schon auf den Event!

wir zwitschernsagt:

9. September 2020 um 10:25

Hallo,
genau so sehen wir das auch. Toller Kommentar von dir. Wir freuen uns dich in Konstanz zu treffen, bringe gerne Freunde

und Familie mit
Alle aktuellen Informationen posten wir hier.

Viele Grüße die Zwitscherer

VOM BEITRAGSAUTOR

Andreas sagt:

5. September 2020 um 11:23

Alles was uns verbindet ist gut. Ob mit oder ohne Guinessbuch-Eintrag. Durch solche Bagatellen dürfen wir uns nicht spalten lassen. Es geht um unsere Freiheit und die erreichen wir nur durch Zusammenhalt. Ist die Freiheit wieder erreicht, können wir uns darüber streiten, ob rosa nicht besser als himmelblau wäre. Aber bitte nicht jetzt.

wir zwitschernsagt:

9. September 2020 um 10:25

Hallo,
schön, dass auch du dabei bist – gerne sag es an deine Freunde weiter, damit es bekannt wird.
Alle aktuellen Informationen posten wir hier.

Viele Grüße die Zwitscherer

VOM BEITRAGSAUTOR

Doreensagt:

6. September 2020 um 0:42

Liebe Veranstalter! Zunächst ein RIESEN DANKESCHÖN an euch für euren Einsatz! Ich habe gemeint, gelesen zu haben, dass die Menschenkette um den Bodensee sein wird… habe ich mich vertan? Wo wird sie gebildet? Ich bin nun von diesem Kraftbild ausgegangen, aber wenn dem nicht so ist, geh ich noch mal in mich. Ganz lieben Dank für eine Rückmeldung!!

wir zwitschernsagt:

9. September 2020 um 10:26

Hallo,
ja die Menschenkette soll wohl um den Bodensee gehen – es werden von oben durch Drohnen Bilder gemacht werden Alle aktuellen Informationen posten wir hier.

Viele Grüße die Zwitscherer

VOM BEITRAGSAUTOR

simasagt:

6. September 2020 um 8:34

vielleicht sollten sich einige gedanken machen … was eine menschenkette durch 4 länder für eine verbindende und auch energiegeladene wirkung hat … dazu noch um den bodensee. seht den eintrag ins guinessbuch als mediale wirkung und zwar weltweit

…

wir zwitschernsagt:

9. September 2020 um 10:27

Hallo,
danke für deinen Kommentar, so sehen wir das auch.
Alle aktuellen Informationen posten wir hier.

Viele Grüße die Zwitscherer

VOM BEITRAGSAUTOR

Sarah sagt:

6. September 2020 um 16:00

Schon alleine um zu zeigen wieviel wir tatsächlich sind. Wir sind dabei! Großartig.

wir zwitschernsagt:

9. September 2020 um 10:27

Hallo,
wir freuen uns auf deinen Besuch in Konstanz – wir werden wie

immer viele sein
Alle aktuellen Informationen posten wir hier.

Viele Grüße die Zwitscherer

VOM BEITRAGSAUTOR

Marion sagt:

7. September 2020 um 18:43

Sehr gute Idee, völlig unabhängig davon, ob das mit dem Rekord klappt.
Alleine aus Dankbarkeit den vielen Menschen gegenüber, die von weit, weit weg nach Berlin gekommen sind, werde ich die 850km fahren.
In Berlin herrscht aktuell rechtsfreier Raum und bevor die Gerichte nicht Recht sprechen (hoffentlich), haben weitere Demos dort keinen Sinn. Werde ein paar Tage eher kommen und hoffe, am schönen Bodensee die erlebte Polizeigewalt in Berlin verarbeiten zu können.

wir zwitschernsagt:

7. September 2020 um 19:27

Hallo Mari,
schön von dir zu lesen – wir freuen uns, dass auch Berlin in Konstanz sein wird.
Konstanz ist eine tolle Stadt – ich denke du kannst mit all den friedlichen Menschen auf andere Gedanken kommen.
Gemeinsam sind wir stark.
Alle aktuellen Informationen posten wir hier.

Viele Grüße die Zwitscherer

VOM BEITRAGSAUTOR

Bettisagt:

7. September 2020 um 22:22

Hallo zusammen,
wir kommen aus Thüringen zum Bodensee. Nachdem wir zweimal in Berlin waren, hoffen wir auf eine friedliche Aktion in Baden-Würtemberg. Momentan sind wir zu zweit, aber wir hoffen noch ein paar Leute mobilisieren zu können.
Das Hotel ist auf jeden Fall schon gebucht.
Auch wir bleiben ein paar Tage, um den schönen Bodensee zu erkunden.

Liebe Grüße
Betti

wir zwitschernsagt:

9. September 2020 um 10:28

Hallo,
toll, dass du viele Menschen dazu mobilisierst. Wir freuen uns schon

euch in Konstanz zu sehen
Alle aktuellen Informationen posten wir hier.

Viele Grüße die Zwitscherer

VOM BEITRAGSAUTOR

Petrasagt:

7. September 2020 um 23:09

Das ist eine schöne Idee aber bei der durchführung bin ich unsicher wie man das organisieren will. Wenn die Kette über 100km lang sein soll, woher weiß ich als Teilnehmer wo ich zur Kette hin muß? Soll ich zb 50km die Kette entlang laufen um das Ende zu sehen wo ich mich anschließen kann? Für Leute ohne Auto wird das problematisch. Auch können dann nicht alle mal eben dann zur Kundgebung gehen/fahren wegen der großen Entfernungen....nur so ein paar Gedanken...

wir zwitschernsagt:

8. September 2020 um 13:57

Hallo Petra,
die Frage haben wir uns auch schon gestellt und oben schon kurz erklärt. Der Veranstalter wird wohl eine örtliche Anmeldung vorab online stellen – aktuell ist das ganze aber noch im Aufbau. In dem Beitrag hier im oberen Abschnitt sind aber schon die Links dazu. Wir

sind auch auf die weiteren Details gespannt
Viele Grüße

die Zwitscherer

VOM BEITRAGSAUTOR

Cotneliasagt:

8. September 2020 um 13:32

Wir sind dabei

wir zwitschernsagt:

8. September 2020 um 13:59

Wir auch
Bring gerne noch Verstärkung mit.

Wir aktualisieren den Blog regelmäßig, also wenn du hier ab und an vorbeischaust bleibst du auf dem neusten Stand.

Viele Grüße die Zwitscherer

VOM BEITRAGSAUTOR

Oliver sagt:

14. September 2020 um 21:29

Ich fände es gut, wenn das Datum auch auf „querdenken 711" (Kalendarium) erwähnt würde. Das ist nun mal die Seite, auf der man zuerst guckt, und wenn dann da nichts ist... Also bitte nicht übelnehmen, es ist nur als Anregung gedacht. Zum Guinnesbuch: warum auch nicht da reinkommen, daran ist noch keiner zugrunde gegangen. Aber es sind schon viele Bewegungen versandet, die NICHT im Guinnesbuch standen...

wir zwitschernsagt:

16. September 2020 um 8:04

Hallo,
das liegt vermutlich daran, dass die Veranstaltung in Konstanz bislang zwar angemeldet wurde, aber noch nicht genehmigt – https://querdenken-711.de/termine du findest unter diesem Link aber auch die bundesweiten Demonstrationen. Klar, dass

Querdenken 711 nicht die Verantwortung für diese Veranstaltungen übernehmen kann, weshalb nur die eigen organisierten Demonstrationen beworben werden.
Ich denke Konstanz wird früher oder später noch beworben

werden
Außerdem bislang war Berlin immer voll.

Viele Grüße die Zwitscherer

VOM BEITRAGSAUTOR

Conny sagt:

17. September 2020 um 9:02

Wir machen gerne als Bindeglied in der Kette mit, damit wir mit dieser Verstärkung darum beten können, dass die Menschen zu Gott zurück finden und so SEINE Liebe und SEIN Friede die Welt regieren kann. Bitten wir doch alle um SEINE grosse Barmherzigkeit.

wir zwitschernsagt:

23. September 2020 um 11:34

Hallo,
wir freuen uns schon sehr auf diese Menschenkette. Schön, dass

auch Ihr dabei seid.

Viele Grüße die Zwitscherer

VOM BEITRAGSAUTOR

Traudlsagt:

24. September 2020 um 19:45

Liebe Freunde als auch Gegner der Querdenker! Erstmal ein großes Dankeschön an alle Querdenker in ganz Deutschland. Eure Leistung ist fantastisch. Insbesondere wenn man bedenkt, dass ihr ehrenamtlich eure Zeit und vieles, vieles mehr einsetzt. Für jeden von uns muss doch inzwischen klar erkennbar sein, dass wir uns in naher Zukunft in einer Diktatur wiederfinden. Wollen wir das uns und ganz besonders unseren Kindern und Kindeskindern antun? Ich habe fünf Enkelkinder im Alter von 9 bis 19 Jahren. Ich habe „GROSSE ANGST UM DIE ZUKUNFT MEINER KINDER"!!! Ihr nicht? Wir müssen verhindern, dass die Regierung ihr Ziel erreicht und uns mundtot machen will. Wir müssen dafür Sorge tragen, dass wir alle wieder überall auf der Welt ohne Maulkorb (Mund-Nasen-Schutz) am öffentlichen Leben teilhaben können. Der MNS hilft in keinster Weise, uns vor dem Corona-Virus zu schützen. Im Gegenteil. Jeder der ihn trägt, macht sich unter Umständen selber krank. Das ist mittlerweile ganz klar bewiesen. Wer einen solchen MNS dennoch tragen möchte, sollte das tun dürfen. Aber es darf niemals ein Muss sein. Wir sind keine unmündigen Menschen denen man vordiktieren muss, was gut oder schlecht für uns ist. Wir sind eigenständig denkende und handelnde Menschen. Dafür benötige ich keine Regierung. Schon gar keine verlogene Regierung wie Merkel, Spahn, Söder, Geisel etc.! Es darf auch niemals dazu kommen, dass wir uns einer Impfpflicht gegen Corona unterziehen müssen. Dieser Impfstoff macht gesunde Menschen sehr krank. Hierzu gibt es mehr als genug Erkenntnisse von Dr. Sucharit Bakhdi, dem Biologen Clemens Arvay, dem Mediziner Wolfgang Wodarg, Doktor Bodo Schiffmann, den Ärzten für Aufklärung etc. Wer es noch nicht weiß dem möchte ich sagen dass alle, die sich einer Impfung verweigern, mit großen freiheitlichen Einschränkungen zu rechnen haben. Spahn und Co. werden mit allen Mitteln dafür sorgen. Meine Familie und ich werden uns nicht impfen lassen. Dann müssten sie uns schon in eine Zwangsjacke stecken. Das nenne ich dann Freiheitsberaubung. Wir werden keinen Impfnachweis erhalten und so steht von vorne herein fest, dass wir uns nur noch bedingt in der Öffentlichkeit aufhalten dürfen. Auch werden uns ganz sicher Reisen zu unseren Freunden oder einfach nur in den Urlaub in das Ausland verboten sein. Millionen Dosen des Impfserums sind von Merkel und Co. für Deutschland schon vorbestellt. Ohne Rücksicht auf zu erwartende und jetzt schon erkennbare gesundheitliche Probleme bis hin zu einer extrem hohen Sterberate. Bitte, lasst das nicht zu. Lasst uns den Obrigkeiten unserer Regierung ganz deutlich zeigen dass wir nicht gewillt sind, wie dressierte Tiere alles zu tun, was die in Berlin uns vorgeben. Lasst uns zusammenhalten und friedlich für eine freie Meinungsäußerung, für freies Denken und Handeln in jeder Beziehung demonstrieren und uns gegen die Anmaßungen einiger weniger Politiker stellen. Bitte helft mit, dass unsere nächsten Generationen in einem freien Land, in unserem freien, demokratischen Deutschland leben dürfen. Informiert euch in den unzensierten und neutralen Medien. Nicht über ARD, ZDF und andere mehr, die von der Politik gesteuert werden. Ganz sicher bin ich, dass es euch wie mir ergehen wird wenn ihr erkennt, worauf die Politik es abgesehen hat. Schäuble und Scholz gaben mit ihren öffentlichen Aussagen schon einen kleinen Vorgeschmack. Diese Regierung muss sofort umschalten und sich auf das Besinnen, wofür sie jeden Monat mit horrenden Gehältern von unseren Steuergeldern bezahlt wird. Sie hat einen Eid geschworen, für das deutsche Volk und das Vaterland da zu sein. Sollte Merkel und Konsorten dazu nicht in der Lage sein, was ich befürchte, müssen sie auf der Stelle zurücktreten. Es gibt keine weitere Option. Mein Mann und ich waren in Berlin dabei und haben gesehen, wie die Polizei mit den friedlich demonstrierenden Menschen gegen die ungerechtfertigten Maßnahmen der Corona-Pandemie vorgegangen sind. Es war beschämend. Die Polizei dein Freund und Helfer? Das war einmal. Mir scheint, die Polizei unter dem Schutz von Innensenator Geisel hat keinen Eid auf unsere Verfassung, sondern einen Eid auf ein Parteibuch geschworen. Mein Vertrauen in die Polizei existiert nicht mehr. Solche Personen in Uniform machen mir Angst. Auch in Konstanz werden wir am 3. und 4. Oktober 2020 dabei sein. Ich wünsche mir, dass die geschätzte Teilnehmerzahl um ein Vielfaches übertroffen wird. Dabei ist mir gleichgültig, ob damit ein Eintrag in das Buch der Rekorde verbunden ist. Ich sehe das so; die Menschen die an der Kette am 3. Oktober teilnehmen werden gezählt und gegebenenfalls erlangt diese Menschenkette einen Eintrag in das Guiness-Buch. Aber vergesst dabei nicht, dass die Regierung Merkel und Co. diese Teilnehmerzahl auf gar keinen Fall mehr herunterspielen kann. Das macht sie bei jeder Querdenker-Demonstration. Doch wer sich die Bilder in unzensierten Kanälen ansieht stellt sofort fest, dass die Angaben der teilgenommenen Demonstranten gegen die Corona-Maßnahmen falsch sind. Es deutet vieles darauf hin, dass die Regierung langsam doch mit der Angst zu tun bekommt, nicht mehr so ohne weiteres ihre „Schäfchen“ auf die vorgegebenen Weiden führen zu können. Genau das wollen wir auch nicht mehr. Wir wollen unsere DEMOKRATIE zurück. Dafür stehen wir friedlich ein. Bitte, bitte seid dabei.

Traudlsagt:

27. September 2020 um 9:56

Hallo und guten Morgen zusammen. Mich interessieren ein paar Dinge zur Menschenkette in Konstanz am 03. Oktober 2020 und der am nächsten Tag stattfindenden Demonstration. Wie schon erwähnt, haben mein Mann und ich am 29.08.2020 in Berlin an der Demo teilgenommen. Aus verschiedenen Gründen, kann ich leider nur selten an einer Demo der Querdenker teilnehmen. Das frust[r]iert mich, aber ich muss es akzeptieren. Trotzdem sind mein Mann und ich wie in meinem Kommentar unter lfd. Nr. 67 vom 24. Sept. 2020 in Konstanz mit dabei. Glücklicherweise haben wir noch eine Unterkunft gefunden. Da ich mich soweit es mir möglich ist auf

dem laufenden betreffend der Menschenkette in Konstanz halte, komme ich nun zu meinem Anliegen.
Es ist richtig, dass das Fürstentum Liechtenstein eine klare Absage der Menschenkette ohne Angabe von Gründen erteilt hat? Auch keine Auflagen gemacht hat, unter der diese Menschenkette doch noch stattfinden kann.
Stimmt es, dass man bei Übertreten der Grenze nach Österreich, sei es auch nur für ein paar Stunden, einen PCR Test machen und bei der Rückkehr über die Grenze nach Deutschland in Quarantäne muss?
Zudem sollen inzwischen ganz kurzfristig Baustellen überall am Bodensee eingerichtet worden sein.
Ich habe von diesem Bereich keine Ahnung, jedoch setze ich einfach mein logisches Denkvermögen ein.
Baustellen einzurichten bedarf meines Erachtens nach einer längeren Vorlaufzeit. Das gilt auch für kleinere Baustellen. Schließlich müssen diese terminlich koordiniert werden mit dem Bauamt und dem jeweiligen ausführenden Bauunternehmen. Dies geschieht nicht innerhalb von ein paar Tagen außer, es handelt sich um eine Notbaustelle. Das ist am Bodensee ganz bestim[m]t nicht der Fall !!!
Persönlich sehe ich darin eine willkürliche Maßnahme, um die Menschenkette am kommenden Samstag zu verhindern! Und das am „Tag der deutschen Einheit“!
Am Anfang ist die deutsche Regierung ganz sicher davon ausgegangen, dass die Querdenker-Initiativen im Sande verlaufen.
Mittlerweile musste und konnte sie feststellen, dass das genaue Gegenteil eingetreten ist.

Das gilt auch für andere Länder der EU und sogar für Übersee. Das ist klasse !!!
So stehen viele Menschen global zusammen und für dieselbe Sache ein, auch wenn sie tausende von Kilometern getrennt sind.
Hallo ihr Möchte-Gern-Politiker, die ihr euch mit unseren Steuergeldern ein schönes Leben macht. Uns unsere Freiheiten jeglicher Art nehmen wollt. Unseren Kindern und Kindeskindern Bildung verweigert, damit sie degenerieren und euch hinterherlaufen, wie fromme Lämmer.
Ihr betreibt schon seit vielen, vielen Jahren eine moderne Sklaverei, die jetzt ihren Höhepunkt erreichen soll.
Wir Deutsche wurden schon nach dem 2. Weltkrieg ruhiggestellt und haben seither nicht mal eine eigene Verfassung.
Wir sind aufgrund des verlorenen 2. Weltkrieges durch Adolf Hitler, der übrigens ein gebürtiger Österreichischer ist (auch wenn das in Österreich keiner mehr wahrhaben will) von den Großmächten klein gehalten worden.
Meine Generation und vor allem die unserer Nachkömmlinge, haben mit diesem Krieg überhaupt nichts zu tun. Dennoch werden wir dafür mit verantwortlich gemacht.
Dass aber nun auch viele Österreicher, Niederländer, Briten und andere Länder unserer globalen Welt sich mit uns gegen die ungerechtfertigten, unverschämten, maßlos überzogenen Auflagen der Corona-Pandemie (die es so wie sie von allen Regierungen dargestellt wird überhaupt nicht gibt) stellen und sich friedlich dagegen wehren, ist einfach „spitze“ !!!
Ich appelliere an alle Regierungen, die Corona-Maßmahnen „sofort“ aufzuheben.

Weiterhin richte ich meinen Appell an alle Menschen dieser Welt, die noch immer davon überzeugt sind, dass die jeweiligen Regierungen für ihr Land und ihr Volk stehen. Wacht auf, schaut euch um, hört zu und vor allem informiert euch über die wenigen Medien, die noch nicht durch die Politiker geimpft und sogar korru[m]piert sind.

Wir in Deutschland werden tagtäglich versucht, von den „Merkel-Medien“ beeinflusst und überzeugt zu werden.

Meine Familie und viele unserer Freunde und Bekannten lassen sich nicht von den Lügen und dem Betrug der an uns Menschen durch Merkel und Konsorten statuiert wird blenden.

Liebe Querdenker, liebe Gegner der Corona-Maßnahmen.

Wir alle müssen für unsere Freiheiten friedlich weiter kämpfen. Keiner von uns darf zulassen, dass die Regierungen aller Staaten sich durchsetzen und ihr verheerendes Ziel erreichen.

Wir dürfen uns nicht unterkriegen lassen. Das sind wir uns selbst und insbesondere unseren nachfolgenden Generationen schuldig.

Wenn jegliche Demos der Querdenker-Initiativen durch die Politik lahmgelegt werden, müssen wir es machen wie die Briten.

Eine Demonstration, die im Untergrund mitgeteilt wird, z. B. über wir.zwitschern.

„Ohne“ Anmeldung einer solchen. Man müsste eine solche Demo inszenieren. Sprich, alle Teilnehmer haben sich zufällig zusammen gefunden. Dann kann niemand dafür zur Verantwortung gezogen werden.

Ich will in Freiheit und Toleranz leben, dasselbe will ich für meine Familie, für meine Freunde und für alle Menschen die so denken und fühlen wie wir.

Wir müssen es schaffen durchzudringen. Es sollte mit anderen Ländern ein Tag festgelegt werden, an dem alle die Menschen in ihrer Heimat gegen die Corona-Maßnahmen und die Politik friedlich demonstrieren, die dieselbe Einstellung haben. Eine vereinte Demonstration der Nationen weltweit an einem Tag. Und das im Wiederholungsrhythmus. Meine Hoffnung beruht darauf auch wenn ich langsam das Gefühl bekomme, dass es von der Politik gar nicht gewollt ist, dass es friedlich bleibt. Liebes Team von wir.zwitschern; könnt ihr mir bitte sagen wie es in Konstanz jetzt weitergeht? Wir fahren auf jeden Fall nach Konstanz und sind vor Ort, wenn sich doch noch die Menschenkette bilden sollte. Dabei hoffe ich und wünsche mir, dass alle anderen, die daran teilnehmen wollen auch dort sind! NUR GEMEINSAM SIND WIR STARK!!! Vergesst das nicht, es geht um uns und die Zukunft unsere Kinder, die uns vertrauen!

XIV. Aufruf:

QUERDENKEN

773 - Hegau

Aktuelles

Herzlich willkommen auf unserer Webseite![14]

Diese Nachricht ist für all diejenigen, die neu auf unserer Webseite sind. Neu, weil Sie völlig neu in die Thematik „ Alles rund um Corona“ einsteigen wollen, neu, weil Sie das Gefühl haben, dass etwas nicht stimmt in unserem Lande oder neu, weil Ihnen jemand eine Visitenkarte von uns mit Querdenken-773 Hegau in die Hand gedrückt hat.

[14] Vgl. http://www.querdenken-773.de/

Querdenken 773-Hegau ist in vielen Themen unterwegs, wie man auf der Visitenkarte sieht. Infos, Videos und Texte zu den einzelnen Themen sind unter ***Links*** zu finden. Weiter unten auf dieser Seite gibt es erste wichtige Hinweise und eingebettete Grundlagen-Videos.

Wir haben in allen Bereichen Mitstreiter mit hoher Kompetenz in den einzelnen Themenbereichen und wissen auch, wer außerhalb unserer Gruppe schnelle und kompetente Antwort zu Fragen und Themenkomplexen geben kann.

Aufruf zur Friedenskette und -marsch am 03.10.2020, dem 30. Tag der deutschen Einheit

Die Veranstalter *Bürgerdialog Konstanz e.V./Gerry Mayr* und *Querdenken 753 Konstanz* haben zur Menschenkette um den Bodensee und Kundgebungen aufgerufen. Daran werden sich Menschen aus Deutschland, Frankreich, Italien, Liechtenstein, Österreich, Schweiz und Tirol beteiligen.

"Wir gehen den gemeinsamen Weg für Frieden in der Welt. Wir gehen auf die Strasse, für Liebe, Freiheit und Einigkeit. 4 Länder bilden eine Menschenkette von 127 Kilometer von Liechtenstein, Österreich, die Schweiz nach Deutschland. Wir gehen gemeinsam 250 Kilometer weit, um ein Zeichen zu setzen, dass wir keine Regierung wollen, welche uns mit einem Virus unter Angst setzt." - so Gerry Mayr.

Link zum Veranstalter (Link ist extern)hier:Friedenskette-Bodensee und (Link ist extern)hier:Querdenken-751.de

Als Download gibt es nun auch ein PDF (Link ist extern)das hier heruntergeladen werden kann!

Falls Ihr Schwierigkeiten haben solltet, einen Einstiegspungt zu finden in die Menschenkette (Link ist extern)hier auch noch einen detailierte Karte die vergrößert werden kann

Übernachtungsmöglichkeiten können auf folgenden Portalen und Telegram-Gruppen gefunden werden:

(Link ist extern)https://t.me/honkforhope_allianz/32804

(neue Webseite -> (Link ist extern)https://t.me/Couch_Bodensee/195)

(Link ist extern)https://t.me/Couch_Bodensee

Oder über das lokale Portal:

(Link ist extern)https://www.bodensee.de/

Und noch was:

Wir haben hier privat auf einem Bauernhof 200 Stellplätze frei gemacht für Camper. Wohnmobile, Wohnwägen und Zelte. Es wird auch einen Shuttlebus geben der am Samstag an den Bodensee und am Sonntag nach Konstanz fahren wird. Wir sind oberhalb Bodmann-Ludwigsgafen (Seeseite Ludwigshafen)
Das Angebot findet ihr unter Telegrammkanal:

(Link ist extern)https://t.me/uebernachtungdemokn

Hinweise:

Corona Fehlalarm? - Prof. Dr. Bhakdi und Dr. Reiss - sehenswerte Video-Vorträge mit anschließender Fragestunde

(Link ist extern)Keine Angst vor Corona - Dr. Frank, Allg.arzt, klärt auf

(Link ist extern)Hilfe zur Mund-Nasen-Bedeckung (juristisch / Klagepaten)

(Link ist extern)Was sie fordern sollten, wenn Sie positv getestet wurden (Anwälte für Aufklärung)

(Link ist extern)Zum Kalender mit bundesweiten Demos

(Link ist extern)Informationsbrief für SchulleiterInnen und Lehrkräfte (Klagepaten)

*(Dieses von 78 Experten, überwiegend Ärzten, unterzeichnete Schreiben klärt **Lehrer und die Schulleitung** über Sinn und Unsinn einer etwaigen Maskenpflicht auf. Umfangreiche Informationen zum Thema **Masken** und **Corona** in **Schulen**. Unterlegt mit Studien, Links, Statistiken und Schaubildern, die die Schulleitungen und Lehrer informieren und aufklären. Alles mit Fakten belegt und somit ideal für alle Personen, die am Schulalltag beteiligt sind.)*

Ihr könnt gern mit uns Kontakt aufnehmen per Mail: (Link sendet E-Mail)info@querdenken-773.de

a. Veranstaltungen:[15]

Datum	Zeit	Veranstaltung (für Details auf Titel klic
02.10.2020	19:00	Stammtisch
03.10.2020	ab 10:00 Aufstellungen, Kundgebungen 16:00 - 22:00	Menschenkette um den See - Unters Querdenken 753 Konstanz
04.10.2020	09:00 - 22:00	Der Erntedank Demo Tag Konstanz 04.10
17.10.2020	14:30 - 17:30	Stationäre Demo

Termine ohne Gewähr, vorbehaltlich der Genehmigung durch die Erlaubnis erteilender Behörden.
Diese Liste wird fortlaufend aktualisiert. Einladungen folgen immer zusätzlich durch unseren Mailservice.

[15] Vgl. http://www.querdenken-773.de/veranstaltungskalender

b. Manifest:[16]

AUF DEN PUNKT GEBRACHT | UNSER MANIFEST

Wir bestehen auf die **ersten 20 Artikel unserer Verfassung**, insbesondere auf die Aufhebung der Einschränkungen durch die Corona-Verordnung von:

- Artikel 1: Menschenwürde - Menschenrechte - Rechtsverbindlichkeit der Grundrechte
- Artikel 2: Persönliche Freiheitsrechte
- Artikel 4: Glaubens- und Gewissensfreiheit
- Artikel 5: Freiheit der Meinung, Kunst und Wissenschaft
- Artikel 7: Schulwesen
- Artikel 8: Versammlungsfreiheit
- Artikel 11: Freizügigkeit
- Artikel 12: Berufsfreiheit
- Artikel 13: Unverletzlichkeit der Wohnung

Wir sind überparteilich und schließen keine Meinung aus - nach Wiederherstellung des Grundgesetzes sind dafür wieder alle demokratischen Mittel vorhanden.

[16] Vgl. http://www.querdenken-773.de/unser-manifest

Wir fordern

- alle Parteien auf, Ihr Parteiprogramm auf die neue Lage anzupassen und den Bürgern darzustellen, wie und unter welchen Lebensumständen in der Sonderlage Pandemie zu rechnen ist.
- Neuwahlen

Die Versammlungen dienen ausschließlich der Erreichung der oben genannten Ziele.

c. Links:[17]

Es kann vorkommen, dass einzelne Youtube-Links unerwartet nicht mehr funktionieren, weil Youtube seit Monaten C.-kritische bzw. oppositionelle Beiträge löscht.
Meist scheitern die Widersprüche der Urheber.
Aber es gibt immer auch sog. ReUploads von sympathisierenden Autoren und damit die Umgehung dieser Art von Zensur.

Sollte Euch auffallen, dass ein Link nicht mehr funktioniert, schickt uns bitte eine E-Mail an: info(at)querdenken-773(punkt)de
Dann stellen wir einen ReUpload zur Verfügung.

Gesetze

(Link ist extern)Grundgesetz

(Link ist extern)Versammlungsgesetz

(Link ist extern)Infektionsschutzgesetz/Impfpflicht Masern (Absatz (8))

(Link ist extern)Aktuelle Corona-Verordnung BaWü

(Link ist extern)Bericht zur Risikoanalyse im Bevölkerungsschutz 2012

Organisationen/Gruppen

(Link ist extern)Querdenken711

[17] Vgl. http://www.querdenken-773.de/links

(Link ist extern)Partei WIR2020

(Link ist extern)Ich bin anderer Meinung

(Link ist extern)MitDirZusammen - midizu

(Link ist extern)ElternStehenAuf Baden Württemberg

(Link ist extern)Außerparlamentarischer Corona Untersuchungsausschuss

(Link ist extern)Stiftung Corona-Ausschuss

(Link ist extern)Ärzte für Aufklärung

(Link ist extern)Anwälte für Aufklärung

(Link ist extern)Klagepaten

(Link ist extern)Schluss Jetzt (Juristische Informationen und kritische Mustertexte)

(Link ist extern)Mutigmacher e.V. (Für Whistleblower)

(Link ist extern)Unternehmen contra Corona

Informationen/Nachrichten

(Link ist extern)Zeitung "Demokratischer Widerstand"

(Link ist extern)Rubikon

(Link ist extern)KenFM

(Link ist extern)Multipolar

(Link ist extern)Swiss Policy Research

(Link ist extern)Bittel TV

(Link ist extern)RT deutsch

(Link ist extern)Keine Angst vor Corona - Dr Frank, Allg.arzt, klärt auf

(Link ist extern)Hier der Link zum Download des Gedichtes, das Jürgen am 22.08.2020 auf der Demo in Singen vorgetragen hat

Telegram-Kanäle

(Link ist extern)Austausch Querdenken773

(Link ist extern)Info-Kanal Querdenken773 (Infos, Termine zu Aktionen von Querdenken773)

(Link ist extern)Querdenken711

(Link ist extern)Info Partei WIR2020

(Link ist extern)Dr. Bodo Schiffmann - Informationen, Interviews und Querdenkernachrichten

(Link ist extern)ElternStehenAufBW

Video-Kanäle

(Link ist extern)KenFM

(Link ist extern)Rubikon

(Link ist extern)Corona-Ausschuss

(Link ist extern)Außerparlamentarischer Corona Untersuchungsausschuss

(Link ist extern)OVALmedia: Corona.film

(Link ist extern)Bittel TV

(Link ist extern)Samuel Eckert

(Link ist extern)Punkt.Preradovic

(Link ist extern)Langemann: Club der klaren Worte

(Link ist extern)Fair Talk TV (Jens Lehrich)

XV. Nachwort:

„-Achtung:

Stell dir vor,

die Akteure

bei der französischen Revolution

hätten Anträge vor Gericht eingereicht,

und Genehmigungen eingeholt,

um die Regierung zu stürzen!

Geistheiler Sananda“[18]

[18] Vgl. https://www.geistheiler-sananda.net/blog-aktuell/

Printed by Books on Demand GmbH, Norderstedt / Germany